BEI GRIN MACHT SICH IHR WISSEN BEZAHLT

- Wir veröffentlichen Ihre Hausarbeit,
  Bachelor- und Masterarbeit

- Ihr eigenes eBook und Buch -
  weltweit in allen wichtigen Shops

- Verdienen Sie an jedem Verkauf

Jetzt bei www.GRIN.com hochladen und kostenlos publizieren

GRIN ☺

Eric Schley

Sozialräumliche Konzeptentwicklung

Weg und Methode in der offenen Jugendarbeit

GRIN Verlag

Bibliografische Information der Deutschen Nationalbibliothek:

Die Deutsche Bibliothek verzeichnet diese Publikation in der Deutschen National-
bibliografie; detaillierte bibliografische Daten sind im Internet über http://dnb.d-
nb.de/ abrufbar.

Impressum:

Copyright © 2005 GRIN Verlag GmbH
Druck und Bindung: Books on Demand GmbH, Norderstedt Germany
ISBN: 978-3-638-81197-2

Dieses Buch bei GRIN:

http://www.grin.com/de/e-book/75392/sozialraeumliche-konzeptentwicklung

GRIN - Your knowledge has value

Der GRIN Verlag publiziert seit 1998 wissenschaftliche Arbeiten von Studenten, Hochschullehrern und anderen Akademikern als eBook und gedrucktes Buch. Die Verlagswebsite www.grin.com ist die ideale Plattform zur Veröffentlichung von Hausarbeiten, Abschlussarbeiten, wissenschaftlichen Aufsätzen, Dissertationen und Fachbüchern.

Besuchen Sie uns im Internet:

http://www.grin.com/

http://www.facebook.com/grincom

http://www.twitter.com/grin_com

Evangelische Hochschule für Soziale Arbeit
Dresden (FH)

Referat

Sozialräumliche Konzeptentwicklung – Weg und Methoden in der offenen Jugendarbeit

vorgelegt von: Eric Schley

SoSe 2005

Seminar:

Sozialraum

Eric Schley

Inhaltsverzeichnis

1 Sozialraumorientierung in der offenen Jugendarbeit

Warum sprechen wir heute über eine Sozialraumorientierung in der offenen Jugendarbeit? Anfang der 90er Jahre stellten Lothar Böhnisch und Richard Münchmeier fest, dass Jugendliche sich verstärkt sozialräumlich orientieren. Für Jugendliche hat der unmittelbare Lebensraum, der Stadtteil, das Viertel, an Bedeutung zugenommen. Im Gegenzug findet ein Bedeutungsverlust von Institutionen, tradierten Rollen und Normen statt. Jugendliche finden kaum noch vorgefertigte Lebensläufe vor, an denen sie sich orientieren können. Das von Böhnisch und Münchmeier benannte Prinzip des „bildungsoptimistischen Lebensentwurfes" (*Böhnisch/Münchmeier* 1999, 56ff), der Verzicht im Heute und Jetzt und die Hoffnung durch Bildung, in der Zukunft, bessere soziale und berufliche Chancen zu haben, wird von den Jugendlichen gegen eine Idee der sozialräumlichen Mobilität eingetauscht. Der Sozialwissenschaftler Ulrich Beck hat diese gesamtgesellschaftliche Entwicklung in seinem Konzept der Risikogesellschaft beschrieben.

Alexejew Leontjew, sowjetischer Psychologe und Vertreter der kulturhistorischen Schule, stellt die Bedeutung des Raums in seinem „Aneignungskonzept" ins Zentrum. Für Leontjew ist die Raumaneignung eine tätige Auseinandersetzung des handelnden Subjekts mit der Umwelt, die bereits wesentlich durch menschliche Tätigkeiten geschaffen oder verändert wurde. Klaus Holzkamp hat das Konzept von Leontjew weiterentwickelt. Für ihn steht außer Frage, dass eine erfolgreiche Raumaneignung zu einem Kompetenzzuwachs bei Jugendlichen führen kann. Holzkamp ist Aneignung eine kreative Gestaltung von Räumen und Symbolen. Sie ist Inszenierung im öffentlichen Raum und Veränderung vorgegebener Situationen und Arrangements. Für Ulrich Deinet ist die aktive Erschließung der Lebenswelt, durch Kinder und Jugendliche, ein schöpferischer Prozess. Die Raumaneignung stellt somit einen Gegenentwurf zum Konstrukt der „gefährlichen" Straße dar.

„"Herumhängen, Blödeln, Action machen" beschreibt sicher nur einige Qualitäten, die öffentliche Räume für Jugendliche attraktiv machen. Aber bereits damit wird deutlich: gegenüber dem verbreiteten Konstrukt der „gefährlichen" Straßen hat eine sozialräumliche Jugendarbeit eine ganz andere Sicht auf die Qualitäten von Räumen. Überspitzt könnte man sagen: Prävention bedeutet, den öffentlichen Raum zum „Herumhängen..." zurückzugewinnen und nicht nur, ihn „sicherer" zu machen" (*Deinet* 2002, 42).

Sozialräumliche Jugendarbeit erhält somit ein jugendpolitisches Mandat, für die Schaffung und den Erhalt öffentlicher Räume für Kinder und Jugendliche, die keine bloßen Arbeits-, Konsum- und Kontrollräume sind. Offene Jugendarbeit wird aber auch selbst Medium der Raumaneignung, indem sie Kindern und Jugendlichen Räume zur Verfügung stellt, die noch gestaltbar sind und ihnen bei ihrer Entwicklung anregen und unterstützen. Die Grundannahme der Offenen Jugendarbeit, alle Kinder und Jugendliche eines bestimmten Einzugsgebietes für die Angebote des Hauses gewinnen zu können, ist überholt. Differenzierung der Angebote, Überwindung des „einrichtungsbezogenen" Selbstverständnisses und somit einhergehend Vernetzung und Kooperation der Einrichtungen und Träger im Sozialraum sind notwendig.

„Konzeptionelle Differenzierungen aufgrund der Veränderungen in der Lebenswelt bedeuten den konsequenten Ausbau einzelner Arbeitsbereiche und Ansätze zu lebensweltorientierten Funktionen, die aus Sicht der Kinder und Jugendlichen einen hohen Gebrauchswert besitzen" (*Deinet* 1996, 15).

2 Sozialräumliche Konzeptentwicklung

2.1 Ziele

Entscheidet sich eine Einrichtung der Offenen Jugendarbeit zukünftig sozialräumlich arbeiten zu wollen, ist eine umfassende Konzeptentwicklung notwendig. Die MitarbeiterInnen einer Einrichtung bzw. eines Träger sollten sich eigene Ziele formulieren, die Vorrausetzung für eine Konzeptentwicklung sind. Neben den spezifischen eigenen Zielen kann man, nach Deinet, bestimmte allgemeine Ziele feststellen. Die Einrichtung möchte sich von ihrem „einrichtungsbezogenen" Selbstverständnis verabschieden und ihre Arbeit an der Qualität des Sozialraums orientieren. Ziel der Konzeptentwicklung ist es, sich von der Einstellung zu verabschieden, zu wissen was die Jugendlichen brauchen, stattdessen die MitarbeiterInnen zu befähigen die Lebenswelten der Jugendlichen im Sozialraum zu erforschen und zu verstehen. Eine Konzeptentwicklung bietet die Chance die bisherige Arbeit zu reflektieren und gegebenenfalls neue Schwerpunkte im Sozialraum zu definieren.

2.2 Grundlagen

Allen Beteiligten muss klar sein, dass eine Sozialräumliche Konzeptentwicklung kein inhaltliches Konzept vorgibt, sondern es sich um einen Prozess der Einrichtung handelt, welche sich an den Lebenswelten der Kinder und Jugendlichen orientiert. Dieser Prozess wird nicht von außen vorgegeben oder formuliert, sondern entwickelt sich von innen heraus.

Ulrich Deinet schlägt zwei Methoden der Analyse vor. Zum einen soll eine umfassende Quantitative Sozialraumanalyse stattfinden. Dabei wird der Sozialraum als sozialgeografische Kategorie erforscht. Statistisches Material der Jugendhilfeplanung, zur sozialen Infrastruktur (Migrantenanteil, Erwerbslosenanteil, Altersstruktur der Wohnbevölkerung), kann die Arbeit erleichtern und erübrigt eine eigenständige und zeitaufwendige Erhebung. Die andere und für Ulrich Deinet bedeutsamere Methode ist die Qualitative Lebensweltanalyse. Deinet differenziert bewusst zwischen beiden Methoden, da es sich bei der Qualitativen Lebensweltanalyse um eine subjektorientierte, kleine

Feldforschung handelt. Ziel der Qualitativen Lebensweltanalyse ist es die Orte und Räume von Kindern und Jugendlichen im Stadtteil, deren Qualitäten, Bedeutungen und Funktionen zu untersuchen und zu verstehen. Die Wahrnehmung von Orten und deren Bedeutung ist alters- und geschlechtsspezifisch und äußerst differenziert. Deinet verweißt auf die Bedeutung der Kinder- und Jugendstudien. Die darin gesammelten Erkenntnisse können beim Verstehen behilflich sein und bilden eine Schnittstelle zwischen Wissenschaft und Praxis.

2.3 Kriterien

Wenn sich eine Einrichtung dazu entschlossen hat eine Sozialräumliche Konzeptentwicklung in Angriff zu nehmen, so warnt Ulrich Deinet davor, es auf die leichte Schulter zu nehmen. Die Einrichtung muss sich bewusst sein, dass ein solcher Prozess finanzielle und personelle Ressourcen benötigt und nicht unter einem Jahr beendet sein wird. Ein Großteil der Methoden sind Bestandteil der normalen Arbeit und können diese sogar bereichern. Da es sich um eine Analyse des Sozialraums handelt, sollten mehrere Träger und Einrichtungen eines Sozialraumes diese Konzeptentwicklung durchführen. Die gemeinsame Konzeptentwicklung schafft Distanz zur eigenen Arbeit und befördert Kooperationen und Vernetzung. Auch empfiehlt Deinet eine externe Beratung hinzuzuziehen, die den gesamten Prozess moderiert und voran bringt. Die Sozialräumliche Konzeptentwicklung ist ein partizipativer und fachlicher Prozess, der auf die Aktivierung und Beteiligung der Kinder und Jugendlichen im Sozialraum zielt.

2.4 Ablauf

Ulrich Deinet schlägt für die Konzeptentwicklung einen Zeitraum von mindestens einem Jahr vor. In der Anlage befindet sich ein idealtypischer Ablaufplan, wie er von Deinet empfohlen wird. Es wechseln sich Seminareinheiten mit Phasen einer kleinen Feldforschung ab. Zu Beginn des Prozesses findet ein Einführungsseminar statt, um theoretische Grundlagen der Sozialraumorientierung zu vermitteln und erste Fragestellungen und Ziele der Lebensweltanalyse zu entwickeln. Im Anschluss werden erste Methoden der Qualitativen Lebensweltanalyse vereinbart.

Diese Methoden werden 2-3 Monate als kleine Feldforschung, im Rahmen der Arbeit durchgeführt. In der folgenden zweiten Seminareinheit, werden die gewonnen Erkenntnis, zur Lebenswelt im Sozialraum, ausgewertet und interpretiert. Es ist wichtig die zu Beginn vereinbarten Ziele mit den Erkenntnissen abzugleichen und notfalls neu zu formulieren. Im Anschluss gehen die MitarbeiterInnen wieder ins Feld und wenden eine möglichst andere Methode an. Dieser Wechsel zwischen Seminareinheit und kleiner Feldforschung wird mehrmals wiederholt. Am Ende dieses Prozesses werden alle Ergebnisse zusammengefasst und Vorschläge für eine konzeptionelle Veränderung der bisherigen Arbeit vorgenommen.

2.5 Methoden der qualitativen Lebensweltanalyse

2.5.1. Grundlagen

Das Herzstück der Sozialräumlichen Konzeptentwicklung sind die Methoden der Quantitativen Lebensweltanalyse. Richard Krisch charakterisiert die Methoden wie folgt:

> „Das Ziel [...] ist es, Verständnis dafür zu entwickeln, wie die Lebenswelten Jugendlicher in engem Bezug zu ihrem konkreten Stadtteil, zu ihren Treffpunkten, Orten und Institutionen stehen und welchen Sinnzusammenhänge, Freiräume oder auch Barrieren Jugendliche in ihren Gesellungsräumen erkennen. Der Fokus des Erkenntnisinteresses richtet sich daher auf die lebensweltlichen Deutungen, Interpretationen und Handlungen von Heranwachsenden im Prozess ihrer Aneignung von Räumen" (*Krisch* 2002, 87).

Alle Methoden richten sich an SozialarbeiterInnen die berufsbedingt sowohl über wenig zeitliche Ressourcen verfügen als auch geringe Kenntnisse über Methoden der empirischen qualitativen Sozialforschung besitzen. Die jedoch in der Kontaktaufnahme mit Kindern und Jugendlichen geübt und in der lebensweltliche Deutung kompetent sind. Die Methoden die Richard Krisch vorschlägt, lassen sich in vier Gruppen unterscheiden. Gruppe eins zielt auf die Interpretationen der Orte und Räume aus Sicht der Kinder und Jugendlichen. Stadtteilbegehungen, Nadelmethode und Autofotografie zählen hierzu. Gruppe zwei nimmt sich der Interpretationen aus Sicht der MitarbeiterInnen an. Auch hier wird eine Stadtteilbegehung vorgeschlagen. Mit dem Unterschied, dass sie von den MitarbeiterInnen strukturiert vorbereitet ist und ohne Beteiligung der Kinder und

Jugendlichen verläuft. Die dritte Gruppe soll einen differenzierten Blick auf die im Sozialraum vorhandenen Jugendkulturen und Cliquen ermöglichen. Da die Offene Jugendarbeit häufig mit einem Akzeptanzproblem in der Öffentlichkeit zu kämpfen hat, ist es wichtig zu erfahren, was die Öffentlichkeit über die Einrichtungen und die im Sozialraum lebenden Kinder und Jugendlichen denkt. Institutionenbefragung und Fremdbilderkundung zählen zur vierten Gruppe. Um ein wirklich umfassendes Bild zu erhalten, empfehlen Deinet und Krisch die Methoden zu kombinieren und möglichst viele Methoden einzusetzen. Die Methoden lassen sich in der Praxis der Arbeit gut einsetzten. „Die Durchführung führt aber auch zu intensiven Gesprächen mit Heranwachsenden über den Stadtteil, holt ihn gleichsam in die Jugendarbeit und wird zum Thema der Jugendarbeit" (*Krisch* 2002, 89).

Auch wenn es sich um kleine Feldforschungen handelt, so ist der verantwortliche Umgang mit den Methoden groß geschrieben. Erlangtes Wissen darf nur für die eigene Arbeit dienen. Eine Weitergabe ist zu unterlassen. Auch dürfen bei den Jugendlichen keine Erwartungen geweckt werden, die die Jugendarbeit nicht umsetzen kann. Fragen wie „Was wünschst du dir?" implizieren bei den Kindern und Jugendlichen dies häufig. Zu guter Letzt empfiehlt Krisch den Fokus besonders auf Mädchen und junge Frauen zu richten, da sie im öffentlichen Raum unterrepräsentiert sind, ihre Einschätzungen vom Sozialraum jedoch, mit Blick auf die Geschlechtergerechtigkeit, bedeutsam sind.

2.5.2. Stadtteilbegehung mit Kindern und Jugendlichen

Im Folgenden möchte ich eine Methode beschreiben, die einen Einblick in den Sozialraum aus Sicht der Kinder und Jugendlichen ermöglicht. Den MitarbeiterInnen werden für sie vorher „unbekannt Räume", Knotenpunkte aber auch von den Kindern und Jugendlichen gemiedene Orte und ihre Bedeutung zugänglich. Die Stadtteilbegehung ist spontan möglich und benötigt keine große Vorbereitungen. Zur Dokumentation und Auswertung wird ein Fotoapparat und ein Diktiergerät benötigt. Die Gruppe sollte nicht größer als drei bis fünf Personen umfassen und als Zeitrahmen sind maximal zwei Stunden ausreichend. Bei Kindern weniger. Die Gruppe wird aufgefordert, den MitarbeiterInnen ihr Viertel zu zeigen. Es ist auch möglich, mit dem Ablaufen des Schulweges oder dem Weg zum Jugendhaus einzusteigen. Wichtig ist nur, dass die Gruppe den Weg bestimmt, nicht die MitarbeiterInnen. Während der Begehung wird die Gruppe aufgefordert, die für sie bedeutsame Orte zu fotografieren und Kommentare auf das Diktiergerät zu sprechen. Im Anschluss an die Begehung kann man mit der Gruppe über die entstandenen Fotos ins Gespräch kommen und weitere Interpretationen festhalten. Es bietet sich auch an, die Orte auf einer Karte zu markieren. Die Begehung wird mit mehreren Gruppen durchgeführt und farblich differenziert auf der Karte festgehalten. Den MitarbeiterInnen bietet sich nun ein umfassendes Bild über die Qualitäten des Sozialraum aus Sicht der Kinder und Jugendlichen. Diese Erkenntnisse fließen in die Seminareinheiten ein.

2.5.3. Cliquenraster

Mit dem Cliquenraster lässt sich ein differenzierter Blick auf die im Sozialraum vorhandenen Cliquen und Jugendkulturen und deren sozialräumliche Aneignung werfen. Das Cliquenraster kann als Befragung durchgeführt werden oder als „nicht-teilnehmende" Beobachtung erstellt werden. In der Anlage befindet sich ein solches Cliquenraster nach Richard Krisch. Da Jugendcliquen häufig sehr dynamisch sind, ist eine kontinuierliche Fortsetzung und Aktualisierung zu empfehlen. Die erste Kategorie untersucht den Grad der Homogenität der Gruppe und deren Zusammengehörigkeitsgefühl. In der zweiten Kategorie werden sowohl die Kleidung und Symbole als auch deren Weltbilder und Verhaltensrituale eingetragen. Wie Böhnisch und Münchmeier festgestellt haben, besitzen Jugendliche heute ein höheres Maß an sozialräumlicher Mobilität. So werden in der dritten Kategorie alle Orte festgehalten, die häufiger oder selten aufgesucht werden. Über die vierte Kategorie können die MitarbeiterInnen mit den Jugendlichen ins Gespräch kommen. Welche Probleme beschäftigen die Jugendlichen? Wie sehen die Interessen und Bedürfnisse der Jugendlichen aus? Gibt es Konflikte mit Institutionen? Die letzte Kategorie zielt bereits auf konkrete Handlungsfelder Sozialer Arbeit bzw. auf Unterstützung aus den Ressourcen des Sozialraums, und sollte im Rahmen der Konzeptentwicklung hinten anstehen.

3 Zusammenfassung

Die Sozialräumliche Konzeptentwicklung bietet eine große Chance nicht nur die eigene, häufig festgefahrene Arbeit zu überprüfen, sondern neue Wege in der offenen Jugendarbeit zu gehen. Die neue sozialräumliche Konzeption ist auf Grundlage der Erkenntnisse über die Lebenswelten der im Sozialraum lebenden Kinder und Jugendlichen entstanden. Die MitarbeiterInnen haben sich ein anderes Selbstverständnis erarbeitet. Sich selber zurücknehmen und dafür Sorge zutragen, dass ausreichend Raum, zur Gestaltung durch Kinder und Jugendliche, vorhanden ist. Offene Jugendarbeit kann durch die Konzeptentwicklung in die Offensive gehen. Denn dieser Prozess ist nicht von außen, durch den Zuwendungsgeber, formuliert worden, sondern Ergebnis der Mitarbeiterinnen und Mitarbeiter.

4 Literaturverzeichnis

BÖHNISCH, LOTHAR/MÜNCHMEIER, RICHARD (1999): Wozu Jugendarbeit? Orientierungen für Ausbildung, Fortbildung und Praxis. 4. Auflage, Weinheim/München: Juventa Verlage

DEINET, ULRICH/STURZENHECKER, BENEDIKT (1996): Konzepte entwickeln. Anregungen und Arbeitshilfen zur Klärung und Legitimation. 1. Auflage, Weinheim/München: Juventa Verlage

DEINET, ULRICH/KRISCH, RICHARD (2002): Der sozialräumliche Blick der Jugendarbeit. Methoden und Bausteine zur Konzeptentwicklung und Qualifizierung. 1. Auflage, Opladen: Verlag Leske + Budrich

5 Anhang

Sozialräumliche Konzeptentwicklung

Weg und Methoden in der offenen Jugendarbeit

Warum Sozialraumorientierung in der offenen Jugendarbeit?

- Kinder und Jugendliche orientieren sich sozialräumlich
  - Bedeutungsverlust von Institutionen, Rollen und Normen
  - Freisetzung der Jugend von vorgefügten Lebensläufen
- Differenzierung der Angebote, anstatt pauschale „Offenheit" der Einrichtung
- Aneignungskonzept (vgl. Holzkamp)
  - „Aneignung als tätige Auseinandersetzung des handelnden Subjektes mit der Umwelt" Leontjew
  - Kreative Gestaltung von Räumen
  - Inszenierung, Verortung im öffentlichen Raum
  - Aktive Erschließung der Lebenswelt als Prozess
  - Entwicklung personaler Kompetenz
- Jugendarbeit als Medium der Raumaneignung
  - Raum als Ort der eigenständigen Praxis von Szenen und Cliquen
  - Räume sind von Jugendlichen gestaltbar vorzufinden
  - Räume sollen Jugendlichen in ihrer Entwicklung anregen und unterstützen
  - Keine bloßen Arbeits-, Konsum- und Kontrollräume

Ziele einer Sozialräumlichen Konzeptentwicklung

- Überwindung des einrichtungsbezogenen Selbstverständnisses
- Sensibilisierung der Mitarbeiter für die Bedürfnisse und Interessen der Jugendlichen
- Distanz zu der Einstellung, zu wissen was die Jugendlichen brauchen
- Mitarbeiter befähigen, herauszufinden was die Situation der Jugendlichen im Sozialraum ist
- Reflexion der bisherigen Arbeit
- Formulierung neuer Schwerpunkte im Sozialraum

Grundlagen der Sozialräumlichen Konzeptentwicklung

- Quantitative Sozialraumanalyse:
  - Sozialraum ist sozialgeographisch
  - Statistisches Material über die soziale Infrastruktur z.B. aus Jugendhilfeplanung
- Qualitative Lebensweltanalyse:
  - Subjektorientiert
  - Keine wiss. Feldforschung, sondern es geht um das „Verstehen"
    - Wie erleben Jugendliche ihren Stadtteil?
    - Welche Qualitäten haben Orte und Räume?
    - Wie sieht die Struktur der Lebensräume bestimmter Zielgruppen aus?
- Konzeption als Schnittstelle von Theorie und Praxis
  - Ergebnisse von Jugendstudien einbeziehen
- Kein inhaltliches Konzept, sondern Orientierung an der Lebenswelt

Kriterien der Lebensweltanalyse

- Verläuft während der Arbeit
- Benötigt finanzielle und personelle Ressourcen
- 1 – 1 ½ Jahre
- Mehrer Einrichtungen eines Sozialraums sind beteiligt
- Methodenvielfalt
- Partizipativer und fachlicher Prozess
  - Aktivierung und Beteiligung
  - Jugendkulturelle Orientierung
  - Cliquenorientierung
  - Geschlechterorientierung
  - Stadtteilorientierung
  - Kooperation und Vernetzung
- Reflexion soll Distanz herstellen
- Externe Beratung

Ablauf der Lebensweltanalyse

1. Seminar (2 Tage)
   - Theoretische Grundlagen
   - Brainstorming zu Zielen und Fragestellungen
   - Einbeziehung Jugendstudien
   - Festlegen erster Methoden

2. Feldforschung (2-3 Monate)
   - Parallel zur Arbeit
   - Durchführung der ersten Methode

3. Seminar (2 Tage)
   - Auswertung der Methode/Interpretation
   - Abgleich mit den Zielen
   - Daten aus Sozialraumanalyse einbauen
   - Festlegen der zweiten Methode

4. Feldforschung (2-3 Monate)

5. Seminar (2 Tage)
   - Ergebnisvergleich der Methoden
   - Vergleich Jugendstudien – Methoden
   - Festlegen der dritten Methode

6. Feldforschung (2-3 Monate)

7. Seminar (3 Tage)
   - Zusammenfassung aller Ergebnisse
   - Vergleich/Interpretation
   - Verschriftlichung und Präsentation
   - Formulieren von Konsequenzen
   - Vorschläge für konzeptionelle Differenzierung aufgrund LWA

Methoden der Lebensweltanalyse

Methoden richten sich an Sozialarbeiter:
- Mit begrenzten Zeitressourcen
- Geringen Kenntnissen über empirische qualitativer Sozialforschung
- Hohe Kompetenz alltagsweltlicher Deutungen
- Ohne Probleme bei Kontaktaufnahme mit Jugendlichen

Ziele der Methoden:
- Verständnis zu Lebenswelten der Jugendlichen im Sozialraum entwickeln
- Freiräume, Barrieren und Gesellungsräume erkennen
- Deutungen, Interpretationen und Handlungen der Jugendlichen bei Raumaneignung verstehen
- Welche Chance haben Jugendliche Räume anzueignen?
- Wie sind Räume gesellschaftlich vordefiniert?
- Ergründung der gesellschaftlichen Strukturen im Sozialraum

Methoden der Lebensweltanalyse

- **Unterschiedliche Gruppen von Methoden**
  1. Interpretation der Orte aus Sicht der Jugendlichen
     - Stadtteilbegehungen, Nadelmethode, subjektive Landkarte, Autofotographie
  2. Interpretation der Orte aus Sicht der Mitarbeiter
     - Strukturierte Stadtteilerkundung
  3. Differenzierter Blick auf Jugendkulturen
     - Cliquenraster
  4. Sicht der Öffentlichkeit über die Situation von Jugendlichen
     - Institutionenbefragung, Fremdbilderkundung

- Methoden lassen sich kombinieren.
- Methoden haben keinen wissenschaftlichen Anspruch. Es geht ums „Verstehen".
- Führen zum Gespräch über den Sozialraum und sind Teil der Jugendarbeit.
- Methoden können auch in der Praxis der Jugendarbeit eingesetzt werden.

Zur Verantwortung im Umgang mit Methoden

- **Gefahr des „Herrschaftswissens":**
    - Erlangtes Wissen soll der eigenen Arbeit dienen
    - Keine Weitergabe der Informationen
    - Sensibler Umgang bei öffentlichen Präsentationen

- **Keine Erwartungen wecken**
    - Fragen wie „Was wünschst du dir?" vermeiden

- **Einschätzungen von Mädchen berücksichtigen.**
    - Mädchen im öffentlichen Raum unterrepräsentiert

Stadtteilbegehung mit Kindern und Jugendlichen

- **Ziel:**
    - Einblick in den Sozialraum aus Sicht der Kinder und Jugendlichen
    - Vielschichtige, direkte und unmittelbare Interpretationen werden möglich
    - Erkenntnisse über vorher „unbekannte Räume" und deren Wechselwirkung
    - Streifräume, Knotenpunkte und gemiedene Orte werden deutlich
- **Rahmen:**
    - Keine große Vorbereitungszeit – spontan möglich
    - Nicht länger als 2 Stunden
    - 3-5 Personen
    - Weg wird von Jugendlichen bestimmt
    - Mehre Gruppen
- **Umsetzung:**
    - Bedeutsame Orte und Wege werden von Jugendlichen fotografiert
    - Kommentare zum Ort werden auf Diktiergerät festgehalten
    - Präsentation der Fotos und Kommentare
    - Anschließend können die Ergebnisse von den Jugendlichen interpretiert werden

Stadtteilbegehung mit Kindern und Jugendlichen

- Auswertung:
  - ExpertInnendialog und Gedächtnisprotokoll
  - Rundgang wird auf einer Karte markiert und Orte nummeriert
  - Aussagen und Zitate werden notiert
  - Es entsteht ein komplexes Bild der sozialräumlichen Qualitäten

Cliquenraster

- Ziel:
  - Differenzierter Blick auf die Jugendcliquen
  - Erkenntnis über Jugendkulturen und sozialräumliche Aneignung
- Umsetzung:
  - „Nicht-teilnehmende" Beobachtung
  - Eintauchen durch Befragung
  - Erstellen eines Rasters
  - Kontinuierliche Fortsetzung und Aktualisierung

Gruppe, Clique, Szene; Alter, Geschlecht, Ethnische Zugehörigkeit; Cliquenname	Verhalten, Tätigkeiten, Outfit, Musik, Weltbild, Sprache	Treffpunkte, Orte	Problemlagen, Bedürfnisse, Interessen; Kommunikative Anknüpfungspunkte	Ansprüche, Anforderungen, Kontakte; mögliche Ansatzpunkte der Jugendarbeit

Ergebnisse der Lebensweltanalyse

Veränderung wurde nicht von außen formuliert, sondern entstammt einem Prozess der Einrichtung, auf Grundlage der Lebenswelten der Jugendlichen.

Literatur:

Deinet, Ulrich; Krisch, Richard (2002): Der sozialräumliche Blick der Jugendarbeit. Methoden und Bausteine zur Konzeptentwicklung und Qualifizierung. Opladen: Verlag Leske+Budrich

Deinet, Ulrich; Sturzenhecker, Benedikt (1996): Konzepte entwickeln. Anregungen und Arbeitshilfen zur Klärung und Legitimation. Weinheim und München: Juventa Verlag